BEI GRIN MACHT SICH IHR WISSEN BEZAHLT

- Wir veröffentlichen Ihre Hausarbeit, Bachelor- und Masterarbeit

- Ihr eigenes eBook und Buch - weltweit in allen wichtigen Shops

- Verdienen Sie an jedem Verkauf

Jetzt bei www.GRIN.com hochladen und kostenlos publizieren

Hans-Jürgen Borchardt

Werbung kann nur selten verkaufen

GRIN Verlag

Bibliografische Information der Deutschen Nationalbibliothek:

Die Deutsche Bibliothek verzeichnet diese Publikation in der Deutschen National-
bibliografie; detaillierte bibliografische Daten sind im Internet über http://dnb.d-
nb.de/ abrufbar.

Impressum:

Copyright © 2012 GRIN Verlag GmbH
Druck und Bindung: Books on Demand GmbH, Norderstedt Germany
ISBN: 978-3-656-13216-5

Dieses Buch bei GRIN:

http://www.grin.com/de/e-book/186955/werbung-kann-nur-selten-verkaufen

GRIN - Your knowledge has value

Der GRIN Verlag publiziert seit 1998 wissenschaftliche Arbeiten von Studenten, Hochschullehrern und anderen Akademikern als eBook und gedrucktes Buch. Die Verlagswebsite www.grin.com ist die ideale Plattform zur Veröffentlichung von Hausarbeiten, Abschlussarbeiten, wissenschaftlichen Aufsätzen, Dissertationen und Fachbüchern.

Besuchen Sie uns im Internet:

http://www.grin.com/

http://www.facebook.com/grincom

http://www.twitter.com/grin_com

Werbung kann nicht verkaufen

Einleitung

Einer der größten Irrtümer von Klein- insbesondere von Handwerks- und Dienstleistungsbetrieben ist der Glaube, Werbung müsse Produkte und Leistungen verkaufen. Weil dieser Glaube auch noch in Seminaren und in der Literatur unterstützt wird, ist die Enttäuschung immer groß, wenn Anzeigen, Direktwerbung oder der Internetauftritt nicht den gewünschten Erfolg bringen. Man fühlt sich in seiner Auffassung bestätigt, dass sich Werbung, speziell die Anzeigenwerbung, nicht lohnt und verschenkt die Chancen, die insbesondere die Anzeigenwerbung Kleinbetrieben bietet.

Anmerkung zur Anzeigenwerbung:

Anzeigenwerbung ist ein Weg zu den Interessenten, der von vielen Inhabern von Kleinbetrieben vernachlässigt wird. Dabei bietet die Anzeigenwerbung Vorteile, die andere Werbemittel nicht besitzen, z. B.

- Nur mit einer Anzeige können Sie zu einem festen Termin eine große Zahl von Empfänger erreichen.
- Mit einer Anzeige können Sie –bedingt durch die Regionalausgaben der Werbeträger- das Einzugsgebiet relativ exakt bestimmen.
- Zeitungsanzeigen sind täglich ein- und abzusetzen, ohne Vor- und Nachlauf.
- Die Kontaktkosten je Zielperson sind meistens sehr günstig.

Anzeigen für Handwerk und Dienstleister haben andere Aufgaben

Werbung kann **vor**verkaufen. Das gilt aber im Wesentlichen nur für beratungsfreie Produkte des täglichen Bedarfs, z. B. bei bekannten (Marken-) Anbietern. Weil die Käufer konkret wissen, welche Gegenleistung sie für ihr Geld erhalten, können sie für sich die Kaufentscheidung schon vor dem eigentlichen Kauf treffen. Oder: Wenn Einzelhändler bekannte Produkte zu Sonderkonditionen anbieten, kann die Werbung den Kaufimpuls für den Erwerb auslösen.

Produkte oder (Dienst-)Leistungen, deren Nutzen und Vorteile vom Empfänger nicht eindeutig zu erkennen sind, können nicht vorverkauft werden oder einen konkreten Kaufimpuls auslösen. Deshalb muss die Werbung für Handwerker und Dienstleister anders gestaltet werden, **damit am Ende der Informations- und Beratungskette der Verkauf steht.**

Die Hauptaufgabe der Werbung für einen Handwerker- oder Dienstleistungs-betrieb besteht darin, dass die Empfänger sich durch die Werbebotschaft zu einer Kontaktaufnahme entschließen. Kein Interessent wird einen Handwerker- oder Dienstleistungsauftrag vergeben, wenn er vorher nicht weiß, was er für sein Geld erhält. Deshalb sollte nicht der Preis, sondern der Nutzen, der Gewinn, der Vorteil für den Empfänger im Text hervor gehoben werden. Was nach der Kontaktaufnahme passiert, ist durch die Werbung kaum noch zu beeinflussen.

Damit wird auch schon der Unterschied deutlich. Die Markenartikelfirmen und der Handel arbeiten weitgehend mit attraktiven Preis- und Sonderangeboten. Das ist völlig ausreichend, weil die Empfänger **ohne zusätzliche Erklärung** den (Preis) Vorteil für sich erkennen.

Handwerker- und Dienstleistungsbetriebe sollten, wenn möglich, nicht mit niedrigen Preisen werben. Unternehmen, die den Preis in den Vordergrund stellen, werden schnell als „billiger Jacob" eingestuft. Wenn schon mit Preisen geworben wird, sollte nach Möglichkeit der (Vor-)Lieferant als Billiganbieter vorgeschoben werden. Dann wird das Billigangebot nur bedingt dem eigenen Betrieb zugeordnet.

Leistungen und Produkte des Handwerks und der Dienstleister sind fast immer erklärungsbedürftig, mal mehr, mal weniger. Da Erklärungen im Allgemeinen sehr umfangreich sind und das Informationsbedürfnis der Empfänger unterschiedlich ist, müssen die Anzeigen mit der Zielsetzung einer Kontaktaufnahme entwickelt werden.

Damit ist die Aufgabe der Werbung für Handwerker und Dienstleister schon beschrieben. Sie muss entsprechend der AIDA-Formel Aufmerksamkeit erregen, Interesse auslösen, Wünsche erwecken, Handlung, d.h. die Kontaktaufnahme auslösen. Damit wird deutlich, dass Werbetexte, insbesondere Anzeigentexte, nicht mal so nebenbei erstellt werden sollten, wenn der größtmögliche Erfolg erreicht werden soll.

Zur Verdeutlichung hier ein vereinfachtes Ablaufdiagramm des Angebots- und Verkaufsprozesses

1. • Basisinformation vom Anbieter

2. • Bewertung durch den Interessenten

3. • Entscheidung ob Kontaktaufnahme

4. • Kontaktaufnahme durch den Interessenten

5. • Detailinformationen vom Anbieter

6. • Bewertung durch den Interessenten

7. • Kaufentscheidung ja oder nein

Wird der Ablauf betrachtet, der vor der endgültigen Kaufentscheidung liegt, ist zu erkennen, dass **zwei** Entscheidungsstufen zu überwinden sind.

Das Diagramm zeigt, dass die Stufen 1. und 5. sehr sorgfältig durchdacht und formuliert werden müssen, wenn am Ende der Abschluss/Verkauf stehen soll. In der Praxis heißt das, dass die Detailinformationen logisch auf den Basisinformationen aufbauen müssen. Das wird von vielen Inhabern vergessen. Deshalb müssen die Detailaussagen ebenfalls konkret erarbeitet werden, damit eine durchgängige, zielführende Argumentation entsteht.

Diese Argumentationskette müssen alle Mitarbeiter, die Kontakt zu Interessenten und Kunden haben, beherrschen, damit eine zielführende Gesamtkommunikation entsteht.

Wenn sich ein Interessent auf Grund einer Anzeige meldet, und der Mitarbeiter z. B. sagt: „Das kann ihnen nur der Chef sagen" oder noch schlimmer „Davon weiß ich nichts", ist der Interessent schon wieder zu 50% verloren. Deshalb **müssen** grundsätzlich sämtliche Mitarbeiter über die Werbemaßnahmen und die zu verwendende Argumentation unterrichtet werden. Nur so können sie werbend für das Unternehmen argumentieren.

Perfekt ist eine Anzeige, wenn mit dem Text auch noch weitere Ziele erreicht werden, z.B.:

- Darstellung was den Betrieb besonders auszeichnet
- Alleineinstellung und Differenzierung
- Steigerung der Bekanntheit
- Imagepflege

Beispiel
Ein spezialisierter Malerbetrieb will neue Kunden für eine isolierende Fassadenbeschichtung gewinnen. Der Inhaber macht seinen Anzeigentext selbst und textet spontan:

„Wir beschichten Ihre Hausfassade, schnell und sauber"
Otto Normalis – Der Spezialist für Fassaden
Tel.: ……

Dieser Text zeigt, dass Otto Normalis sich **nicht** intensiv mit seinem Angebot und dem Anzeigentext beschäftigt hat. Er stellt sich in dem Anzeigentext als ein Betrieb vor, der nichts Besonderes zu bieten hat. Dass die Isolierung von Hausfassaden schnell und sauber gemacht wird, ist für die Hausbesitzer selbstverständlich. Warum also sollte er deshalb bei der Firma Normalis anrufen?

Sein Wettbewerber Klaus Clever will das gleiche Material für die Isolierung von Fassaden ebenfalls vermarkten. Bevor er jedoch den Text für seine Anzeige schreibt, überlegt er:

1. Frage:	Was will ich erreichen?	
Antwort:	Möglichst viele Nachfragen von konkret interessierten Hausbesitzern.	
2. Frage:	Was muss ich sagen, damit ich möglichst viel Interesse und Nachfrage auslöse?	
Antwort:	Ich muss die Vorteile und den Nutzen, die **ich** den Hausbesitzern durch die neue Isolierung biete, darstellen.	
3. Frage:	Was ist der größte Nutzen für den Hausbesitzer und welche Vorteile kann er gewinnen?	
Antwort:	Er kann seine Energiekosten bis zu 32% senken. Sein größter Vorteil ist, dass der Hersteller auf das Isoliermaterial eine Garantie von 30 Jahren gibt. Ich habe gute Referenzen.	

3

4. Frage:	Wie sage ich das am besten?
Antwort:	Mit unserer Fassadenbeschichtung sparen Sie Energiekosten. Bis zu 32%! Wir sagen Ihnen, wie viel Energiekosten **Sie** sparen können. Klaus Clever –Langzeitfassaden mit Energiespar-Garantie. Tel.: ......
5. Frage:	Gibt es vergleichbare Angebote von meinen Kollegen?
Antwort:	Nein.

Imagewerbung

Neben den Anzeigen, die Nachfrage produzieren sollen, gibt es auch noch Image-Anzeigen. Diese sollten Sie grundsätzlich vermeiden, weil sie kaum Nachfrage nach konkreten Leistungen oder Angeboten auslösen. Image-Anzeigen sind für Handwerks- und Dienstleistungsbetriebe auch deshalb wenig sinnvoll, weil die Betriebe normalerweise in ihrer Region, in ihrem Einzugsgebiet bekannt sind. Besser ist es, wenn Anzeigen mit einem interessanten, konkreten Angebot geschaltet werden, damit die Leser Kontakt aufnehmen.

Fazit

Bevor Sie einen Text schreiben oder eine Werbeaktion durchführen, sollten Sie sich genau überlegen, was Sie erreichen wollen. Je mehr Sie den Nutzen und die Vorteile hervorheben den Ihr Betrieb bietet, desto größer ist Ihre Chance, dass die Interessenten bei Ihnen nachfragen.

Hans-Jürgen Borchardt